쓰다 보면 저절로, 감정을 알게 되는 글쓰기

해피이선생 지음 | 김잔디 그림

맘에드림

여러분, 글을 잘 쓰고 싶은데 뜻대로 안 되어 답답한 적이 있을 거예요. 글쓰기를 열심히 하라는 부모님의 잔소리에 화가 난 적도 있을 거고요. 선생님이 교과서의 쓰기 문제나 독후감 쓰기 등을 설명할 때는 어땠나요? 얼른 쓰고 싶은 마음이 샘솟아 설렜나요? 지긋지긋해서 짜증이 났나요?

글쓰기를 잘하고 싶은 마음은 누구에게나 있을 거예요. 그런 여러분에게 선생님이 글쓰기를 잘할 수 있는 비법을 알려 줄게요. 그 비법이란 바로 감정을 표현하는 일입니다. 나의 감정을 종이에 적는 일부터 시작하면 글쓰기에 자신감을 얻을 수 있답니다. 아, 감정이 뭐냐고요? '답답함', '화', '설렘', '짜증', 이 녀석들이 바로 감정이에요. 방금 이야기한 '자신감'도 마찬가지고요. 감정이란 낱말이 어렵다면 '느낌'이나 '기분'이란 낱말을 떠올려 보세요. 더 쉽게 다가올 거예요.

그렇다면 감정은 어떻게 글로 표현할 수 있을까요? 그 출발점은 솔직함이에요. 화가 나면 '화가 난다'라고 솔직하게 쓰는 거지요. 먼저 솔직한 감정을 쓴 다음, 왜 화가 났는지 그 이유를 밝히면 더 좋습니다. 예를 들어, "엄마가 동생한테 로봇 장난감을 양보하라고 해서 화가 난다.'라고 쓰는 거지요. 꼬리를 물고 이어지는 감정까지 덧붙이면 한 편의 글이 됩니다. 즉 '형은 왜 맨날 동생한테 양보해야 할까? 진짜 억울하다.'라는 문장을 더해 주면 되는 거예요.

실제로 집에서 이와 같은 일이 있있다고 상상해 봅시다. 여러분이 쪽지에 화난 감정과 이유를 적어서 엄마한테 건네는 장면까지 말이죠. 그럼 엄마는 어떤 반응을 보일까요? 아마도 엄마는 이렇게 말할 겁니다.

"맨날 동생한테 양보하라고 해서 속상했구나? 네 마음 몰라줘서 미안하다."

여러분, 부모님이나 선생님이 글쓰기를 강조하는 이유가 바로 여기에 있습니다. 글쓰기는 나의 생각을 논리적으로 정리하고 다른 사람과 소통하는 능력을 키울 수 있기 때문이에요. 상상 속 사건의 쪽지에 적은 글은 여러분의 생각을 논리적으로 정리한 것이고, 엄마가 여러분의 마음을 알게 된 일은 바로 소통입니다.

그런데 엄마가 뜻밖의 반응을 보일 수도 있습니다.

"억울하긴 뭐가 억울해? 형이니까 양보해야지!"

그렇다고 소통에 실패한 건 아닙니다. 앞으로 엄마는 여러분이 자신의 감정을 적은 글을 되새기며 여러분의 마음을 헤아리려 노력할 테니까요. 선생님 말을 믿어도 좋습니다.

글쓰기 솜씨를 늘리는 데는 독서도 큰 도움이 됩니다. 책을 많이 읽으면 좋은 표현을 익힐 수 있는데, 그것을 활용하면 글을 잘 쓸 수 있거든요. 또한 지은이는 자신의 감정을 글에 담는 경우가 많기 때문에 더욱 책을 가까이 해야 합니다.

글을 부지런히 쓰는 것 역시 중요합니다. 악기도 자주 연주해야 실력이 늘듯이 글도 마찬가지입니다. 앗! 책도 많이 읽고 글도 자주 쓰라고 잔소리를 해서 짜증이 난다고요? 정말 좋은 기회입니다. '짜증'이란 감정을 글로 표현할 수 있는 기회 말이에요.

선생님이 여러분을 돕기 위해 《쓰다 보면 저절로, 감정을 알게 되는 글쓰기》을 펴냈습니다. 이 책에서는 50가지의 감정을 알려 주고, 재미있게 설명해 줍니다. 이 책을 꼼꼼하게 읽고 글쓰기에 도전하면 자연스럽게 글과 친해질 것입니다. 물론 글쓰기 솜씨도 늘고요. 정말 그렇게 될지 지금부터 실천해 보세요.

해피이선생

이 책 사용 설명서

이 책은 나의 감정을 제대로 이해하는 동시에 글쓰기 실력을 키울 수 있도록 구성되어 있습니다. 매일 하루 한 장씩 감정을 나타내는 낱말을 배우고, 내가 느꼈던 감정을 글로 써서 완성해 보세요.

1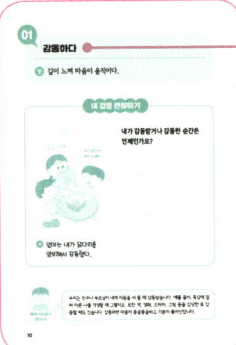

감정 사전

기쁘다, 슬프다, 화나다, 긴장하다 등 감정을 나타내는 낱말의 뜻이 설명되어 있습니다. 이를 통해 감정의 뜻을 정확하게 이해하는 것은 물론 어휘력을 기를 수 있습니다.

2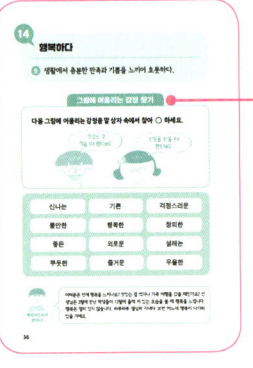

다양한 활동

내 감정 관찰하기, 말풍선 만들기, 그림에 어울리는 감정 찾기, 알쏭달쏭 O× 퀴즈 등의 다양한 활동을 통해 내가 느끼는 감정이 무엇인지 알 수 있도록 했습니다.

3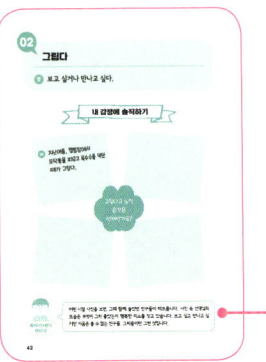

해피이선생의 한마디!

감정에 대한 글쓰기를 하기 전에, 그 감정에 대해 이해할 수 있도록 했습니다. 일상생활에서 아이들이 고민하는 감정에 대한 조언이나 도움이 될 만한 말을 넣었습니다.

4  친구가 쓴 글

예시 글이 있다면 글쓰기가 훨씬 쉽겠지요? 다른 사람의 글을 읽고, 이해하고, 상상하는 과정에서 나만의 글감도 찾을 수 있습니다. 친구가 쓴 글을 보며 내가 겪은 일을 떠올려 보세요.

5  도전! 글쓰기

차근차근 글쓰기를 하다 보면 자연스럽게 내 감정과 생각을 이해할 수 있습니다. 그날 배운 감정을 나타내는 낱말을 넣어 글을 써 보세요.

6 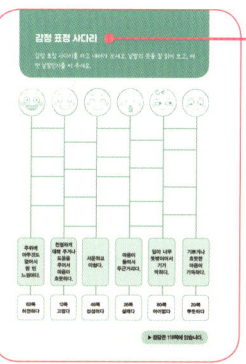 쉬어 가는 페이지

그림에 어울리는 감정 쓰기, 가로세로 감정 낱말 퍼즐, 감정 표정 사다리, 감정 낱말 찾기 등의 활동을 통해 재밌게 감정을 배울 수 있게 했습니다.

차례

작가의 말 · 002
이 책 사용 설명서 · 004

1부 하하호호! 기쁜 감정

01 감동하다 · 010	02 고맙다 · 012	03 기쁘다 · 014	04 만족스럽다 · 016
05 반갑다 · 018	06 뿌듯하다 · 020	07 사랑스럽다 · 022	08 상쾌하다 · 024
09 설레다 · 026	10 신나다 · 028	11 자랑스럽다 · 030	12 즐겁다 · 032
13 편안하다 · 034	14 행복하다 · 036		

2부 흑흑흑! 슬픈 감정

01  괴롭다 · 040

02  그립다 · 042

03  미안하다 · 044

04  섭섭하다 · 046

05  속상하다 · 048

06  슬프다 · 050

07  쓸쓸하다 · 052

08  아프다 · 054

09  외롭다 · 056

10  우울하다 · 058

11  피곤하다 · 060

12  허전하다 · 062

13  후회스럽다 · 064

 ## 3부 부글부글! 화가 난 감정

01  나쁘다 · 068

02  답답하다 · 070

03  분하다 · 072

04  불쾌하다 · 074

05  싫다 · 076

06 얄밉다 · 078

07  어이없다 · 080

08  억울하다 · 082

09  짜증스럽다 · 084

10  화나다 · 086

후덜덜! 두려운 감정

 걱정스럽다 · 090

 긴장하다 · 092

 놀라다 · 094

 당황스럽다 · 096

 두렵다 · 098

 막막하다 · 100

 무섭다 · 102

 부끄럽다 · 104

 불안하다 · 106

 조마조마하다 · 108

 주저하다 · 110

 창피하다 · 112

 혼란스럽다 · 114

정답 · 118

1부

하하호호!
기쁜 감정

감동하다 | 고맙다 | 기쁘다 | 만족스럽다 | 반갑다 | 뿌듯하다 | 사랑스럽다 | 상쾌하다 | 설레다 | 신나다 | 자랑스럽다 | 즐겁다 | 편안하다 | 행복하다

감동하다

 깊이 느껴 마음이 움직이다.

내 감정 관찰하기

내가 감동받거나 감동한 순간은 언제인가요?

예) 엄마는 내가 닭다리를 양보해서 감동했다.

해피이선생의 한마디!

우리는 친구나 부모님이 내게 마음을 써 줄 때 감동받습니다. 예를 들어, 독감에 걸려 아픈 나를 걱정할 때 그렇지요. 또한 책, 영화, 드라마, 그림 등을 감상한 후 감동할 때도 있습니다. 감동하면 마음이 몽글몽글하고 기분이 좋아진답니다.

친구가 쓴 글

나는 독감에 걸려서 이틀 동안 학교에 가지 못했다.

집에만 있으니까 너무 심심하고 답답했다.

그날 저녁, 친구 보왕이가 문자를 보내왔다.

'얼른 나아.'

뜻밖의 문자에 감동했다.

도전! 글쓰기

'감동하다'를 넣어 글을 써 보세요.

고맙다

뜻 친절하게 대해 주거나 도움을 주어서 마음이 흐뭇하다.

내 감정에 솔직하기

예 친구가 지우개를 빌려줘서 고마웠다.

고마움을 느낀 순간은 언제인가요?

해피이선생의 한마디!

'고맙다'의 비슷한 말로 '감사하다'가 있습니다. 평소 고마움을 느낀 사람에게 방긋 웃으며 "고맙습니다!", "감사합니다!"라고 말해 보면 어떨까요? 분명 상대방도 방긋 웃으며 답할 것입니다. 언제 어디서나 고마운 마음을 솔직하게 표현하는 우리 친구들이 되길 바랍니다.

친구가 쓴 글

우리 형은 자동차 장난감이 참 많다.

나는 그중에서 변신 자동차 장난감이 가장 마음에 든다.

다음 달 내 생일에 형이 변신 자동차 장난감을 선물로 준다고 했다.

정말 고마워서 눈물이 찔끔 나올 뻔했다.

내일이 내 생일이면 얼마나 좋을까?

도전! 글쓰기

'고맙다'를 넣어 글을 써 보세요.

03 기쁘다

뜻 바라는 일이 이루어져 기분이 좋고 즐겁다.

내 감정 생각하기

아래 표를 보고 내가 기뻤던 순간을 골라 ○ 하세요.

선생님께 칭찬받았을 때	놀이동산에 갔을 때
친구가 내 욕을 했을 때	동생이랑 싸웠을 때

내가 기뻤던 순간을 써 보세요.

해피이선생의 한마디!

전학 간 친구를 다시 만났을 때, 가족 여행으로 바닷가를 갔을 때, 내가 바라던 스마트폰이나 가방을 선물로 받았을 때 기쁘지 않았나요? 기쁘면 나도 모르게 활짝 웃게 되지요. 선생님은 학교에서 학생들이 선생님의 설명을 듣고 고개를 끄덕일 때 가장 기쁘답니다.

친구가 쓴 글

오늘은 자전거를 타면서 한 번도 안 넘어졌다.

배운 지 한 달 만에 자전거 타기 성공!

못하던 걸 잘하게 되니 정말 기쁘다.

도전! 글쓰기

'기쁘다'를 넣어 글을 써 보세요.

만족스럽다

뜻 기대하거나 필요한 것이 부족함 없거나 마음에 들어 흐뭇하다.

말풍선 만들기

내가 만족스러운 순간을 말풍선에 써 보세요.

해피이선생의 한마디!

선생님은 운동을 해야겠다고 마음먹고 실내 자전거를 구입했습니다. 그런데 설치 기사가 와서 조립을 하면 비용이 비싸 직접 조립까지 했습니다. 한 시간 동안 땀을 뻘뻘 흘리며 내 손으로 해냈습니다. 조립할 땐 힘이 들고 짜증도 났지만 거실에 설치된 자전거를 보니 만족스러웠습니다. 여러분도 매사 열심히 노력하면 분명 좋은 결과를 얻을 수 있을 것입니다.

친구가 쓴 글

지난 번 수학 시험에서는 50점을 받아 속상했다.
이번에는 열심히 공부해서 80점을 받았다.
100점은 아니었지만 만족스러웠다.
노력한 만큼 점수가 올랐으니까.

도전! 글쓰기

'만족스럽다'를 넣어 글을 써 보세요.

반갑다

뜻 그리워하던 사람을 만나거나 바라는 일을 이루어 즐겁고 기쁘다.

그림에 어울리는 감정 찾기

다음 그림에 어울리는 감정을 말 상자 속에서 찾아 ○ 하세요.

신나는	기쁜	걱정스러운
불안한	상쾌한	반가운
좋은	외로운	설레는
두려운	즐거운	우울한

해피이선생의 한마디!

선생님이 가장 좋아하는 그림은 레오나르도 다빈치의 <모나리자>입니다. 대학생 때 루브르 박물관에 있는 <모나리자>를 실제로 보고 무척 반가웠습니다. 오랫동안 그리워하던 친구를 만난 듯 기뻤습니다.

친구가 쓴 글

"너, 시헌이 맞지?"

엄마랑 놀이동산에 갔다가 우연히 시헌이를 만났다.

학교에서만 보던 친구를 놀이동산에서 보니까 더 반가웠다.

시헌이도 나와 같은 마음인지 평소와 달리 생글생글 웃어댔다.

도전! 글쓰기

'반갑다'를 넣어 글을 써 보세요.

# 뿌듯하다

뜻 기쁘거나 흐뭇한 마음이 가득하다.

올바른 맞춤법 고르기

2개의 낱말 중에서 맞는 것을 골라 ○ 하세요.

우리 집은 봄맞이 대청소를 했어요.
구석구석 깨끗이 청소를 하고 나니 「 슬펐어요   뿌듯했어요 」.

해피이선생의 한마디!

'뿌듯하다'는 '기쁘다'와 비슷한 감정이에요. 기쁨이 가슴에서 보글보글 차오르는 느낌이 들 때 '뿌듯하다'라고 표현합니다. 용돈을 모아서 갖고 싶은 물건을 살 때, 동생을 잘 돌봐서 부모님께 칭찬을 들을 때 뿌듯함을 느낄 수 있을 거예요.

친구가 쓴 글

우리 집은 심부름을 하면 500원씩 용돈을 받는다.

나는 500원을 받을 때마다 돼지 저금통에 넣는다.

어제 동전이 가득 차서 무거워진 돼지 저금통을 열었다.

돈을 세어 보는데 너무 뿌듯하고, 내 자신이 자랑스러웠다.

도전! 글쓰기

'뿌듯하다'를 넣어 글을 써 보세요.

07 사랑스럽다

뜻: 생김새나 행동이 사랑을 느낄 만큼 귀엽다.

낱말을 넣어 문장 완성하기

아래 빈칸에 들어갈 알맞은 낱말을 보기에서 골라 써 보세요.

보기

쪼르르   사랑스러웠다

오늘 채연이네 집에 놀러 갔다.

채연이네 집에는 강아지가 있었다.

"해피야!" 하고 부르면 _____ 달려왔다.

그 모습이 너무 _____.

해피이선생의 한마디!

선생님은 아이들을 무척 좋아합니다. 유모차에 타고 있는 아주 어린 아기를 보면 귀엽고 예뻐서 어쩔 줄 모르겠습니다. 특히 아기가 아장아장 걷는 모습은 엄청 사랑스럽지요. 여러분은 가족과 친구의 어떤 모습을 볼 때 사랑스러운가요? 한번 곰곰이 생각해 보세요.

친구가 쓴 글

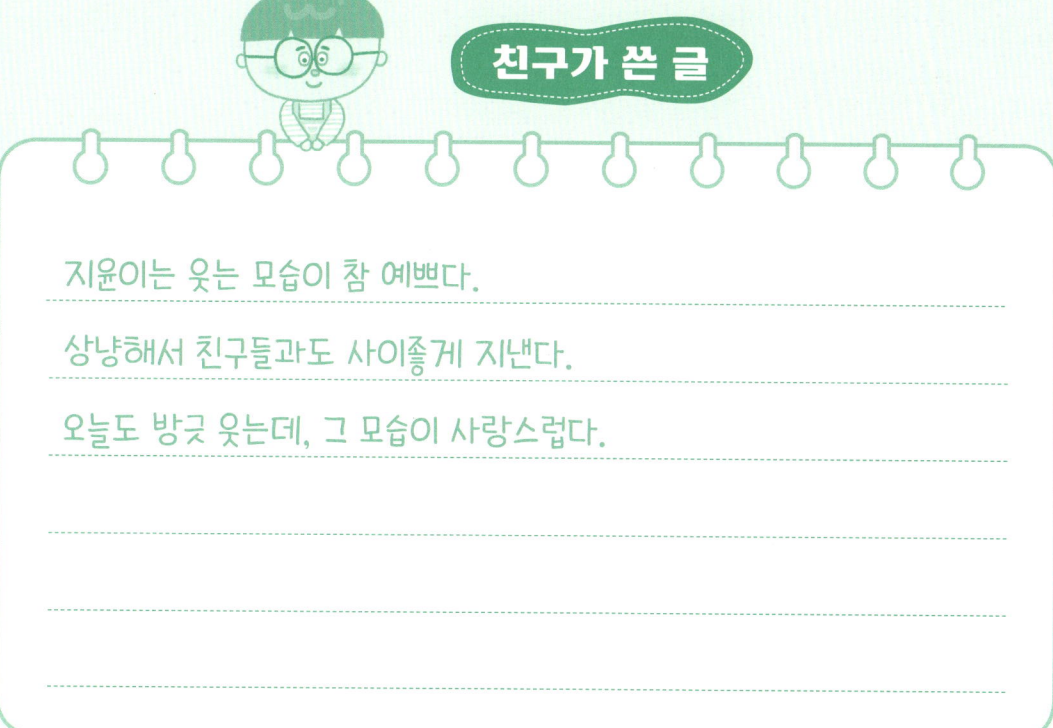

지윤이는 웃는 모습이 참 예쁘다.

상냥해서 친구들과도 사이좋게 지낸다.

오늘도 방긋 웃는데, 그 모습이 사랑스럽다.

도전! 글쓰기

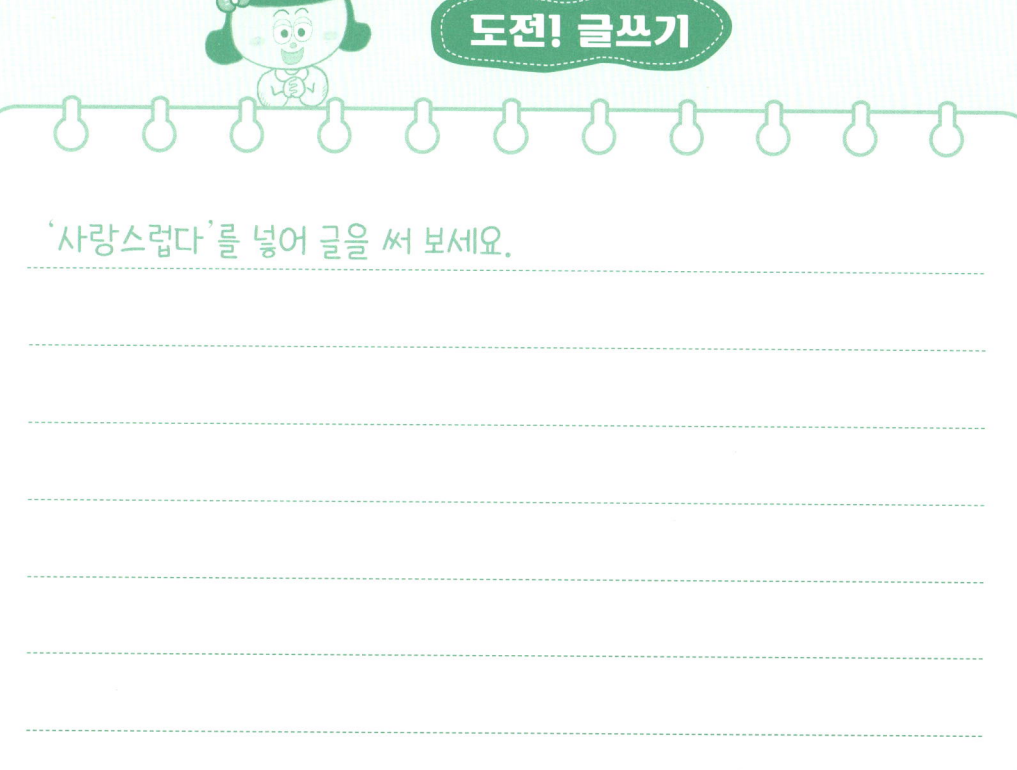

'사랑스럽다'를 넣어 글을 써 보세요.

08 상쾌하다

뜻 기분이 시원하고 산뜻하다.

알쏭달쏭 OX 퀴즈

아래 문장 중에서 맞는 것을 골라 ○ 하세요.

1. 기분이 상쾌했다. (O, X)

2. 상괴한 고양이. (O, X)

3. 화장실에서 똥을 눠서 상쾌하고 기분이 좋았다. (O, X)

4. 바람이 상쾌하게 불어왔다. (O, X)

속담 꿀팁

입이 터진 팥 자루 같다.

뜻 기분이 너무 좋아 입을 헤벌리고 있는 모양을 비유한 말이다.

해피이선생의 한마디!

우리 친구들은 언제 상쾌한 기분을 느끼나요? 선생님은 작가이기도 합니다. 글을 쓸 때는 집중해서 좋은 문장을 쓰려고 고민합니다. 고민 끝에 글쓰기를 마치면 기분이 상쾌합니다.

보통 주말에는 아침 10시까지 늦잠을 잔다.

그런데 오늘 아침, 아빠가 함께 산에 가자고 깨웠다.

일찍 일어나는 게 싫었지만 아빠를 따라 산에 올랐다.

올라가는 길이 가팔라 힘들었지만 정상에 오르니 너무 상쾌했다.

'상쾌하다'를 넣어 글을 써 보세요.

09 설레다

뜻 마음이 들떠서 두근거리다.

내 감정 생각하기

아래 그림을 보고 설렜던 순간의 내 모습을 골라 ○ 하세요.

내가 설렜던 순간을 써 보세요.

_____

_____

_____

해피이선생의 한마디!

여러분은 어떤 아이스크림을 좋아하나요? 선생님은 '설레임'이라는 아이스크림을 좋아합니다. 그런데 설레임은 올바른 표기가 아닙니다. '설렘'이 맞는 말입니다. 선생님은 새 학기가 시작되는 첫날이 가장 설렙니다. 우리 친구들도 일상생활에서 설레는 일이 많았으면 좋겠습니다.

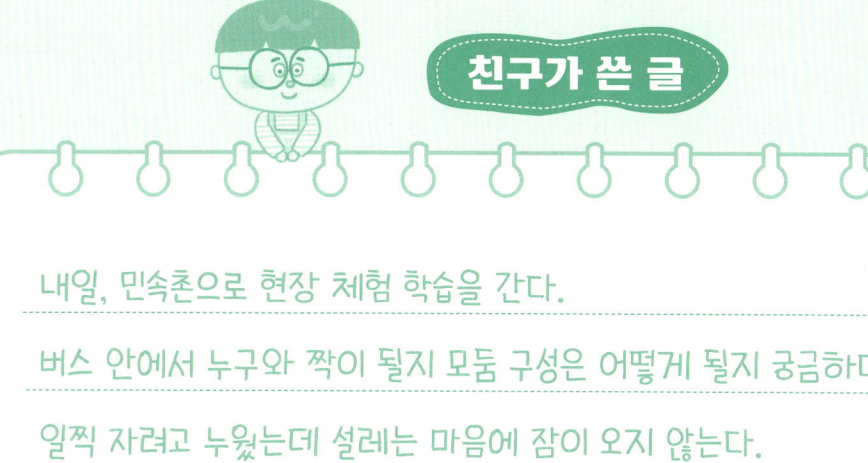

친구가 쓴 글

내일, 민속촌으로 현장 체험 학습을 간다.

버스 안에서 누구와 짝이 될지 모둠 구성은 어떻게 될지 궁금하다.

일찍 자려고 누웠는데 설레는 마음에 잠이 오지 않는다.

빨리 내일이 왔으면 좋겠다.

도전! 글쓰기

'설레다'를 넣어 글을 써 보세요.

10 신나다

뜻 어떤 일에 흥미나 열성이 생겨 기분이 매우 좋아지다.

생각 그물 표현하기

'신나다' 하면 떠오르는 생각을 자유롭게 써 보세요.

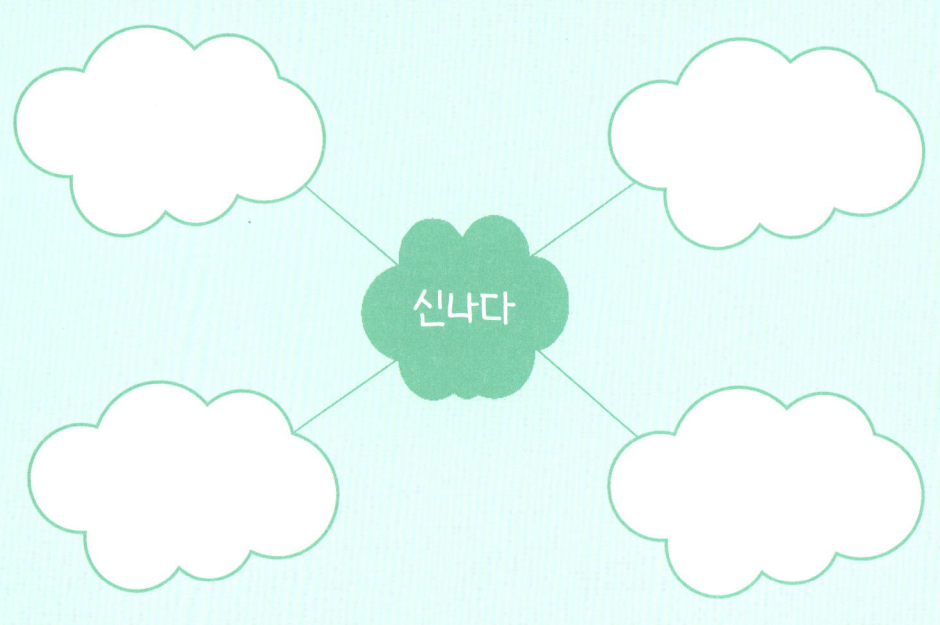

예 어제 친구랑 놀아서 신났다.

해피이선생의 한마디!

누구나 좋아하는 일이 있습니다. 선생님은 4년 전부터 유튜브 채널을 운영하고 있습니다. 혼자서 대본도 쓰고, 촬영도 하고, 편집도 합니다. 구독자로부터 '좋아요'를 많이 받으면 신나서 더 열심히 콘텐츠를 만들게 됩니다. 여러분은 언제 가장 신나나요? 책을 읽을 때인가요? 게임을 할 때인가요? 일상생활에서 신나고 즐거운 일이 많기를 바랍니다.

장마철에는 체육 수업을 교실에서 한다.

얼른 비가 그쳤으면 좋겠다.

신나게 운동장을 뛰놀고 싶으니까.

'신나다'를 넣어 글을 써 보세요.

11 자랑스럽다

뜻 남에게 드러내어 뽐낼 만한 데가 있다.

내 감정 관찰하기

예 우리나라 축구 팀이 일본 축구 팀을 상대로 이겨서 자랑스러웠다.

내가 자랑스러운 순간은 언제인가요?

해피이선생의 한마디!

충남 태안에서 5학년 담임을 맡았을 때의 일입니다. 반 친구들과 학교 텃밭 가꾸기에 관한 동시를 지어 충남교육청의 글쓰기 대회에 참가했습니다. 그 결과 선생님 반의 한 학생이 시 부문에서 1등을 했습니다. 이날 그 학생이 너무 자랑스러웠습니다.

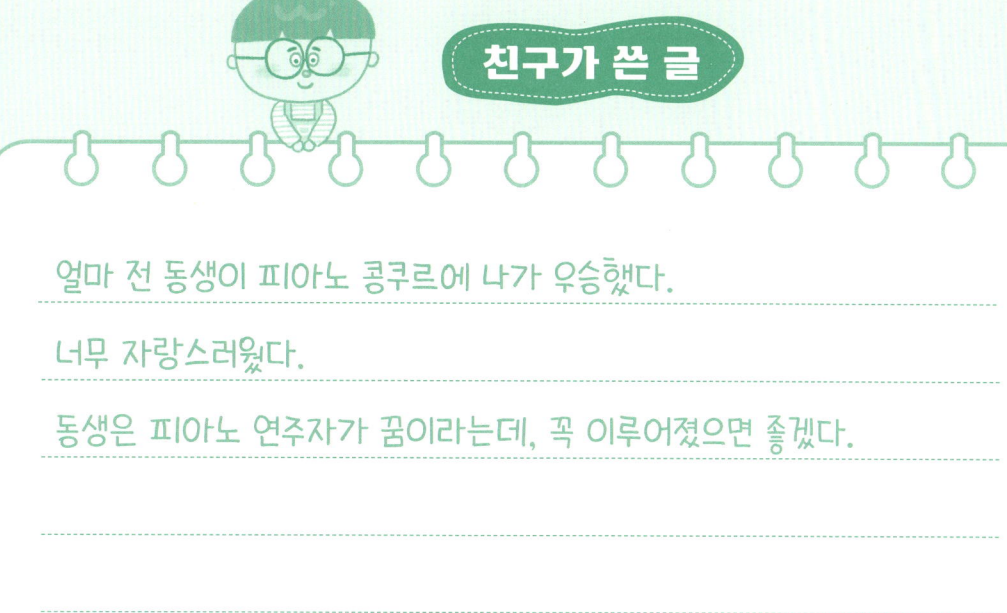

친구가 쓴 글

얼마 전 동생이 피아노 콩쿠르에 나가 우승했다.

너무 자랑스러웠다.

동생은 피아노 연주자가 꿈이라는데, 꼭 이루어졌으면 좋겠다.

도전! 글쓰기

'자랑스럽다'를 넣어 글을 써 보세요.

12 즐겁다

뜻 흐뭇하고 기분이 좋다.

내 감정에 솔직하기

예 오랜만에 다정이를 만나 신나게 놀아 즐거웠다.

즐겁다고 느낀 순간은 언제인가요?

해피이선생의 한마디!

선생님은 요즘 하루하루가 즐겁습니다. 왜냐하면 선생님 반 학생들이 수업 시간에 집중하며 즐겁게 공부하기 때문입니다. 즐거움은 작은 일에서도 얼마든지 얻을 수 있습니다. 지금 주위를 둘러보세요. 즐거운 일이 기다리고 있을지도 모르니까요.

친구가 쓴 글

나는 친구가 많다.

그중 주아, 민지, 서연이와 자주 어울린다.

오늘 우리 넷은 함께 놀이터에서 놀고, 아이스크림을 사 먹었다.

친구들과 보내는 시간은 언제나 즐겁다.

도전! 글쓰기

'즐겁다'를 넣어 글을 써 보세요.

13 편안하다

> 뜻: 걱정이 없고 괴로운 데가 없어 좋다.

알쏭달쏭 OX 퀴즈

아래 문장 중에서 맞는 것을 골라 ○ 하세요.

1. 침대가 푹신푹신 편안했다. (O, X)
2. 오! 옷차림이 편안해 보이는데! (O, X)
3. 기분이 아주 편찮아. (O, X)
4. 마음이 편한했어. (O, X)

속담 꿀팁

순풍에 돛을 달고 뱃놀이한다.

> 뜻: 아주 순탄한 환경 속에서 편안하고 안일하게 지내다.

해피이선생의 한마디!

선생님은 몸에 딱 맞는 옷보다 한 치수 큰 옷을 입습니다. 넉넉한 옷을 입으면 편안하다고 느끼기 때문입니다. 하지만 그럴 때마다 선생님의 아내는 자꾸 잔소리를 합니다. "그렇게 옷을 입으면 아저씨 같아요!" 다른 사람에게 보이는 모습도 중요하지만 내 자신이 편안한 게 더 중요한 게 아닐까요? 여러분은 어떻게 생각하나요?

친구가 쓴 글

어느 날부터 실내화가 발에 맞지 않았다.

엄마에게 새 실내화를 사 달라고 열 번이나 말했는데, 자꾸 깜빡하고 잊어버리셨다.

드디어 오늘, 엄마가 새 실내화를 사 주셨다.

실내화가 아주 편안해서 기분이 좋아졌다.

도전! 글쓰기

'편안하다'를 넣어 글을 써 보세요.

14 행복하다

> 뜻 생활에서 충분한 만족과 기쁨을 느끼어 흐뭇하다.

그림에 어울리는 감정 찾기

다음 그림에 어울리는 감정을 말 상자 속에서 찾아 ○ 하세요.

맛있는 걸 먹을 때 행복해요.

선물을 받을 때 행복해요.

신나는	기쁜	걱정스러운
불안한	행복한	창피한
좋은	외로운	설레는
뿌듯한	즐거운	우울한

해피이선생의 한마디!

여러분은 언제 행복을 느끼나요? 맛있는 걸 먹거나 가족 여행을 갔을 때인가요? 선생님은 3월에 만난 학생들이 12월에 훌쩍 커 있는 모습을 볼 때 행복을 느낍니다. 행복은 멀리 있지 않습니다. 하루하루 열심히 지내다 보면 어느새 행복이 다가와 있을 거예요.

 **친구가 쓴 글**

오늘 우리 집이 이사를 했다. 드디어 나에게도 방이 생겼다.

이제 더 이상 동생이랑 같이 안 자도 된다.

내 방이 생겨서, 말썽꾸러기 동생이랑 떨어져서 너무 행복하다.

 **도전! 글쓰기**

'행복하다'를 넣어 글을 써 보세요.

그림에 어울리는 감정 쓰기

지금 기분이 어떤가요? 오늘 하루만 해도 기쁨과 슬픔, 분노와 두려움 등 수많은 감정을 느꼈을 거예요. 각 그림에 어울리는 감정을 말풍선에 써 보세요.

▶ 정답은 118쪽에 있습니다.

2부

흑흑흑!
슬픈 감정

괴롭다 | 그립다 | 미안하다 | 섭섭하다 | 속상하다 | 슬프다 | 쓸쓸하다 |
아프다 | 외롭다 | 우울하다 | 피곤하다 | 허전하다 | 후회스럽다

01 괴롭다

뜻 몸이나 마음이 편하지 않고 고통스럽다.

내 감정 관찰하기

예 버스를 탔는데 속이 울렁거려 괴로웠다.

내가 괴롭다고 느낀 순간은 언제인가요?

_____

_____

_____

해피이선생의 한마디!

선생님은 매년 한 권 이상의 책을 쓰겠다고 다짐했습니다. 지금까지는 그 다짐을 잘 실천하고 있습니다. 하지만 요즘 부쩍 글이 잘 안 써져서 괴롭습니다. 그래도 이 고비를 넘기면 괜찮아질 거라 믿고 오늘도 글을 씁니다. 여러분도 지금 당장 괴롭고 힘든 일이 있더라도 잘 극복해 나가길 바랍니다.

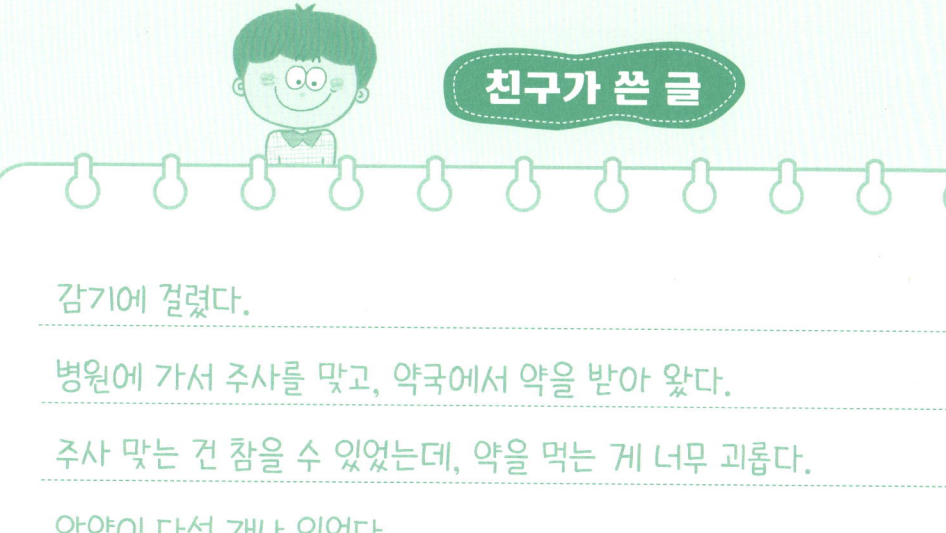

친구가 쓴 글

감기에 걸렸다.

병원에 가서 주사를 맞고, 약국에서 약을 받아 왔다.

주사 맞는 건 참을 수 있었는데, 약을 먹는 게 너무 괴롭다.

알약이 다섯 개나 있었다.

약을 물이랑 꿀떡 삼키는데, 너무너무 싫었다.

도전! 글쓰기

'괴롭다'를 넣어 글을 써 보세요.

02 그립다

뜻 보고 싶거나 만나고 싶다.

내 감정에 솔직하기

예 지난여름, 캠핑장에서 모닥불을 피우고 옥수수를 먹던 때가 그립다.

그립다고 느낀 순간은 언제인가요?

해피이선생의 한마디!

어린 시절 사진을 보면, 그때 함께 놀았던 친구들이 떠오릅니다. 사진 속 선생님의 모습은 무엇이 그리 좋았는지 행복한 미소를 짓고 있습니다. 보고 싶고 만나고 싶지만 지금은 볼 수 없는 친구들. 그리움이란 그런 것입니다.

친구가 쓴 글

여름 방학에 시골에 계신 할머니 집에 다녀왔다.

나는 할머니 집에서 수박도 먹고, 시냇가에서 물놀이도 했다.

엄청 재미있었다.

집에 온 지 하루밖에 안 지났는데, 할머니가 너무 그립다.

도전! 글쓰기

'그립다'를 넣어 글을 써 보세요.

03 미안하다

뜻 남에 대하여 마음이 편하지 않고 부끄럽다.

내 감정 생각하기

아래 표를 보고 내가 미안했던 순간을 골라 ○ 하세요.

친구와의 약속에 늦었을 때	혼자 그림을 그릴 때
친구랑 신나게 놀았을 때	급식 순서를 새치기 했을 때

내가 미안했던 순간을 써 보세요.

....
....
....
....
....

해피이선생의 한마디!

선생님도 잘못을 저지를 때가 있습니다. 잘못을 하면 '미안합니다'라고 말합니다. 사람이기 때문에 누구나 잘못하고 실수할 수 있습니다. 이때 자존심 때문에 '미안하다'라는 말을 하지 않는 사람이 있습니다. 본인이 잘못했을 때는 솔직하게 사과하는 것도 용기 있는 행동입니다.

친구가 쓴 글

학교 계단에서 동규와 장난을 치다가 넘어져서 다리를 다쳤다.
의사 선생님이 한동안 목발을 짚고 다녀야 한다고 했다.
옆집에 사는 강민이가 등하교 때 책가방을 들어 주기로 했다.
강민이는 감기에 걸렸다는데, 내가 힘들게 하는 것 같아 미안하다.

도전! 글쓰기

'미안하다'를 넣어 글을 써 보세요.

04 섭섭하다

뜻 서운하고 아쉽다.

내 마음 관찰하기

내가 섭섭하다고 느낀 순간을 써 보세요.

 친구가 내 마음을 몰라 줘서 섭섭했다.

어떤 일로 섭섭한 마음이 들었나요?

왜 그런 일이 있었나요?

섭섭한 마음이 든 까닭은 무엇인가요?

해피이선생의 한마디!

예전에, 선생님은 학교 텃밭 영상 공모전에 영상을 응모한 적이 있습니다. 학생들과 함께 6개월 동안 열심히 영상을 만들었습니다. 적어도 금상은 받지 않을까 하고 기대했지만 결과는 동상이었습니다. 물론 상을 받아서 기뻤지만 동상이라 섭섭했습니다.

친구가 쓴 글

오늘 민주 생일이다.

나만 빼고 모두 생일 파티 초대장을 받았다.

초대받지 못해서 민주한테 섭섭하다.

도전! 글쓰기

'섭섭하다'를 넣어 글을 써 보세요.

05 속상하다

> 뜻 일이 뜻대로 되지 않아 마음이 편하지 않고 괴롭다.

그림에 어울리는 감정 찾기

다음 그림에 어울리는 감정을 말 상자 속에서 찾아 ○ 하세요.

신나는	기쁜	걱정스러운
불안한	행복한	창피한
짜증스러운	외로운	화난
뿌듯한	속상한	우울한

해피이선생의 한마디!

선생님이 학교에서 가장 속상할 때는 언제일까요? 우리 친구들이 스마트폰에 빠져 있을 때입니다. 스마트폰을 많이 하면 두뇌 발달에 좋지 않습니다. 초등학교 때는 책을 많이 읽어야 합니다. 그래야 머리도 좋아지고, 글쓰기 솜씨도 늘고, 상식도 풍부해집니다. 지금부터 스마트폰보다 책 읽기에 관심을 두면 어떨까요?

친구가 쓴 글

엄마랑 알뜰 시장에 갔다.

알뜰 시장에는 싸고 좋은 물건이 많았다.

하지만 내가 갖고 싶었던 곰 인형을 다른 사람이 사 갔다.

엄청 속상했다.

도전! 글쓰기

'속상하다'를 넣어 글을 써 보세요.

06 슬프다

뜻 눈물이 날 만큼 마음이 아프고 괴롭다.

내 감정에 솔직하기

예 엄마에게 야단맞아 슬펐다.

슬프다고 느낀 순간은 언제인가요?

해피이선생의 한마디!

단짝 친구가 전학을 갔을 때, 키우던 반려동물이 죽었을 때, 아무도 내 말을 믿지 않을 때 눈물이 날 만큼 아프고 괴로울 것입니다. 이런 감정을 슬픔이라고 합니다. 슬플 때 위로를 받으면 다시 웃을 수 있는 힘이 생겨요. 슬픈 친구를 위로할 줄 아는 우리 친구들이 되기를 바랍니다.

친구가 쓴 글

어젯밤, 키우던 강아지가 죽었다.

내일 같이 공원에 가려고 했었는데…….

태어나서 이렇게 슬픈 적은 처음이다.

도전! 글쓰기

'슬프다'를 넣어 글을 써 보세요.

 **07 쓸쓸하다**

 뜻 외롭고 적적하다.

낱말을 넣어 문장 완성하기

아래 빈칸에 들어갈 알맞은 낱말을 보기에서 골라 써 보세요.

보기

재잘재잘   쓸쓸했어

오늘 민정이랑 싸웠어.

수업이 끝났는데 민정이가 쌩하고 먼저 가 버렸어.

다들 친구들과 _____ 떠들며 가는데,

나 혼자 운동장을 터덜터덜 걸었어.

외톨이가 된 것 같아 _____ .

 해피이선생의 한마디!

선생님은 가끔 주말에도 출근합니다. 다음 주 수업 준비를 하고, 교실 구석구석 청소도 하지요. 주말에 학교에 가면, 장난꾸러기들이 떠나간 텅 빈 교실이 더욱 쓸쓸하게 느껴집니다. 평소에는 장난이 심한 몇몇 친구들 때문에 힘들고 머리가 아픈데 막상 아무도 없는 교실은 너무 고요합니다. 역시 선생님은 우리 친구들과 함께할 때 가장 신나고 행복합니다.

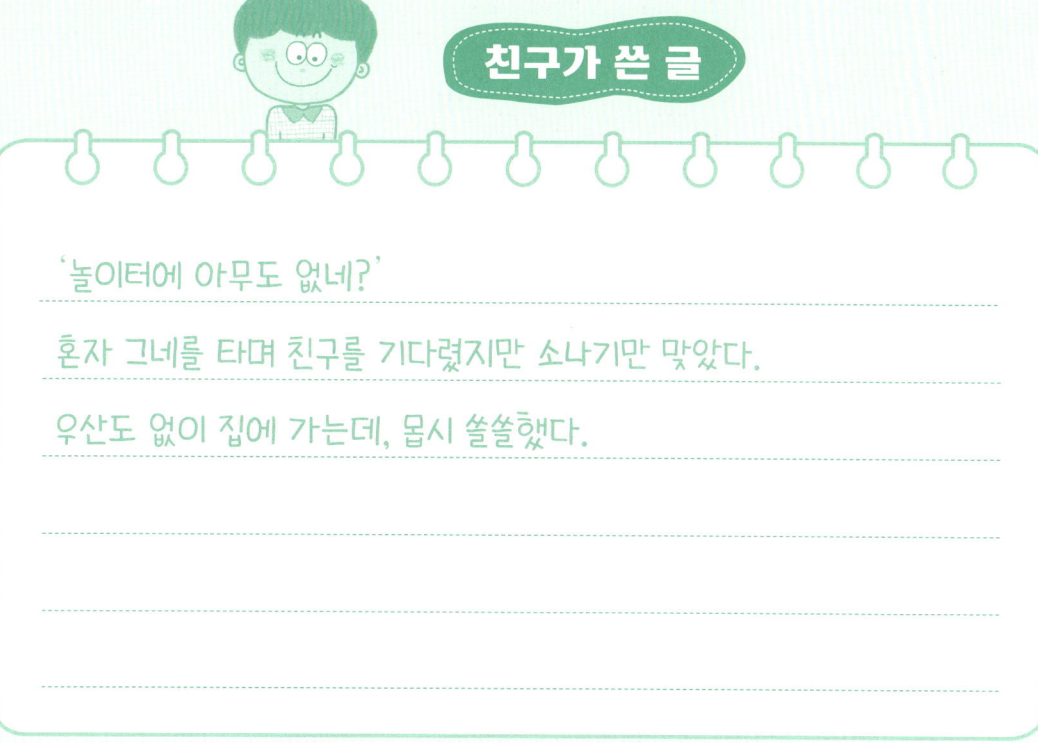

친구가 쓴 글

'놀이터에 아무도 없네?'
혼자 그네를 타며 친구를 기다렸지만 소나기만 맞았다.
우산도 없이 집에 가는데, 몹시 쓸쓸했다.

도전! 글쓰기

'쓸쓸하다'를 넣어 글을 써 보세요.

08 아프다

뜻: 몸의 어느 부분이 다치거나 병이 나서 몸이 편하지 않다.

내 감정 표현하기

아래 그림을 보고 아팠던 순간의 내 모습을 골라 ○ 하세요.

몸이 아파서 힘들었던 순간을 써 보세요.

_____

_____

_____

해피이선생의 한마디!

우리 친구들은 언제 아프다고 느끼나요? 선생님은 해가 바뀌어 학생들과 헤어질 때, 독감에 걸린 학생이 체험 학습에 가지 못할 때 그렇습니다. 아픔을 잘 참고 이겨 내면 행복한 순간이 찾아올 거예요. 몸과 마음이 아플 때 스스로 잘 이겨 낼 수 있는 힘을 키울 수 있으면 좋겠습니다.

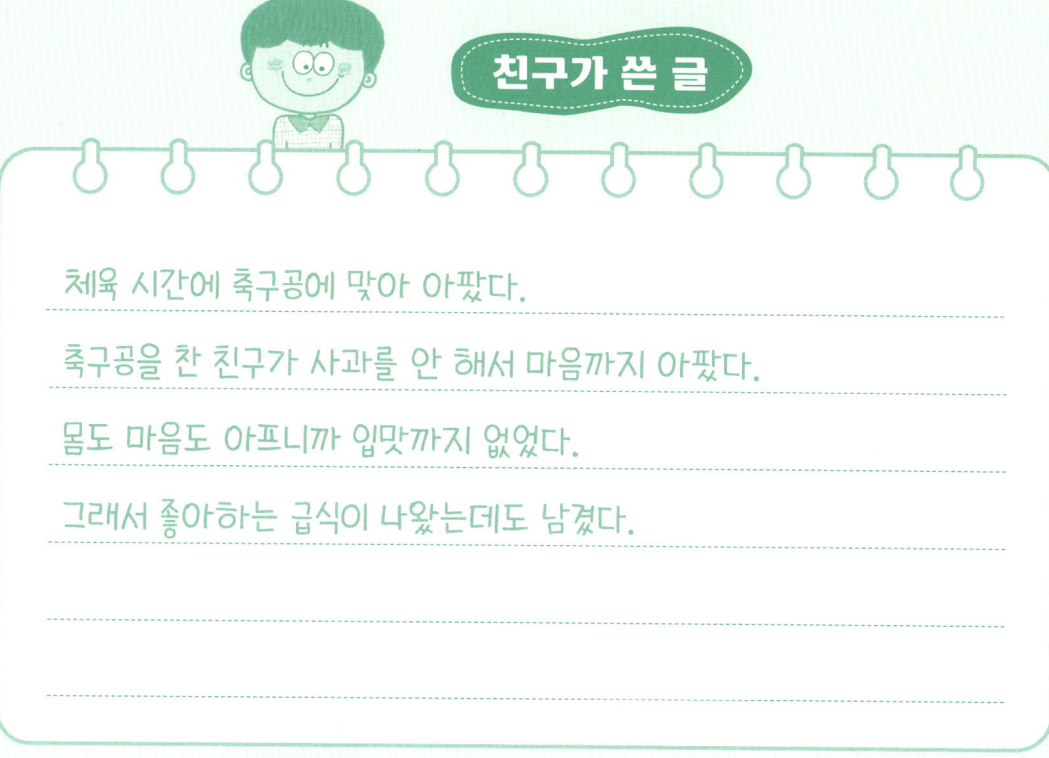

친구가 쓴 글

체육 시간에 축구공에 맞아 아팠다.

축구공을 찬 친구가 사과를 안 해서 마음까지 아팠다.

몸도 마음도 아프니까 입맛까지 없었다.

그래서 좋아하는 급식이 나왔는데도 남겼다.

도전! 글쓰기

'아프다'를 넣어 글을 써 보세요.

09 외롭다

뜻: 혼자 있거나 기댈 곳이 없어 허전하고 쓸쓸하다.

올바른 맞춤법 고르기

2개의 낱말 중에서 맞는 것을 골라 ○ 하세요.

비가 오는데 고양이가 홀로 있어 [새로워] [외로워] 보였다.

해피이선생의 한마디!

선생님은 대학생 때 유럽으로 한 달 동안 배낭여행을 다녀왔습니다. 그때 혼자 여행하는 게 너무 싫고 외로웠습니다. 선생님은 외롭다고 느낄 때 혼자만의 시간을 고요히 즐기며 스스로 극복하려고 노력합니다. 여러분도 외롭다고 느낄 때 이겨 내는 나만의 방법을 찾아보세요.

친구가 쓴 글

방학 동안 혼자 수영 수업을 듣게 되었다.

아는 사람이 아무도 없으니 너무 외롭다.

집에 가다 길고양이를 만났는데 녀석도 나처럼 혼자여서 외로워 보였다.

도전! 글쓰기

'외롭다'를 넣어 글을 써 보세요.

10 우울하다

> 뜻 근심스럽거나 답답하여 활기가 없다.

그림에 어울리는 감정 찾기

다음 그림에 어울리는 감정을 말 상자 속에서 찾아 ○ 하세요.

신나는	우울한	걱정스러운
불안한	답답한	창피한
좋은	외로운	설레는
뿌듯한	즐거운	화나는

해피이선생의 한마디!

엄마가 용돈을 안 올려 줄 때, 친구가 나만 쏙 빼놓고 얘기할 때 우울해질 수 있습니다. 우울할 때는 운동을 하거나 노래를 부르거나 잠시 낮잠을 자 보세요. 그래도 힘이 나지 않는다면, 스스로를 잘 돌봐 주세요. 마음에도 휴식이 필요하니까요.

친구가 쓴 글

오늘 수학 시험을 망쳤다.

집에 가는데, 비까지 내렸다.

시험도 못 보고, 날씨도 나쁘고, 정말로 우울한 하루였다.

도전! 글쓰기

'우울하다'를 넣어 글을 써 보세요.

11 피곤하다

뜻 몸이나 마음이 지쳐서 고달프다.

낱말을 넣어 문장 완성하기

아래 빈칸에 들어갈 알맞은 낱말을 보기에서 골라 써 보세요.

보기

꾸벅꾸벅   피곤했는지

나는 영어 학원에 가는 게 싫다.

왜냐하면 숙제가 많기 때문이다.

어제는 영어 숙제를 하느라 너무 힘들었다.

다음 날, _____ 학교에서 _____ 졸았다.

해피이선생의 한마디!

선생님은 많은 일을 한꺼번에 할 때 피곤을 느낍니다. 몇몇 학생들은 "학원에 다녀와서 피곤해요!"라고 말하기도 하지요. 피곤할 때는 맛있는 음식을 먹고 푹 쉬는 것이 좋습니다. 그래야 상쾌한 기분으로 새로운 내일을 시작할 수 있으니까요.

친구가 쓴 글

학교에서 체육 대회를 했다.

나는 우리 반 대표로 이어달리기와 축구 경기에 나갔다.

하루 종일 정신없이 뛰어다녔더니 너무 피곤했다.

오늘은 맛있는 음식을 먹고 집에서 푹 쉬어야겠다.

도전! 글쓰기

'피곤하다'를 넣어 글을 써 보세요.

12. 허전하다

뜻: 주위에 아무것도 없어서 텅 빈 느낌이다.

4행시 짓기

허

전

하

다

속담 꿀팁

여름 불도 쬐다 나면 섭섭하다

뜻: 당장에 쓸데없거나 대단치 않게 생각되던 것도 막상 없어진 뒤에는 아쉽게 생각된다.

해피이선생의 한마디!

텅 빈 집에 혼자 있으면 허전할 것입니다. 선생님도 방학식이 끝나고, 텅 빈 교실을 볼 때 허전한 마음이 밀려오거든요. 학생이 없는 교실은 왠지 더 커 보이기까지 한답니다. 여러분은 언제 허전한가요?

친구가 쓴 글

친구들이 우리 집에 놀러왔다.

과자도 먹고 게임도 하고 신나게 놀았다.

그런데 친구들이 가고 나니까 갑자기 허전했다.

간식을 많이 먹었는데도 배 속까지 허전한 느낌이 들었다.

도전! 글쓰기

'허전하다'를 넣어 글을 써 보세요.

13 후회스럽다

뜻: 과거에 내가 한 일의 잘못됨을 깨닫고 뉘우치는 데 있다.

알쏭달쏭 OX 퀴즈

아래 문장 중에서 맞는 것을 골라 ○ 하세요.

1. 나의 선택이 후회스러웠다. (O, X)
2. 나는 내가 한 행동이 후한스러웠다. (O, X)
3. 나의 잘못이 부끄럽고 후회스럽다. (O, X)
4. 후해스러운 것은 없다. (O, X)

속담 꿀팁

소 잃고 외양간 고친다.

뜻: 이미 실패한 뒤에 후회해도 소용없다.

해피이선생의 한마디!

선생님은 가능하면 후회는 짧게 하려고 합니다. 자꾸 지난 일을 생각하기보다는 앞으로의 일을 준비하는 게 현명하기 때문입니다. 우리 친구들도 후회만 해서는 발전하지 않습니다. 지난 일은 털어 내고 내일을 준비하는 친구가 발전할 수 있습니다.

친구가 쓴 글

충치가 두 개나 생겼다.

엄마랑 내일 치과에 가야 한다.

치과 가는 게 세상에서 제일 싫은데······.

양치를 게을리하고 탕후루를 너무 많이 먹은 게 후회스럽다.

도전! 글쓰기

'후회스럽다'를 넣어 글을 써 보세요.

가로세로 감정 낱말 퍼즐

지금까지 공부한 감정을 낱말 퍼즐로 풀어 보세요.

가로 길잡이 →

1 편하고 걱정 없이 좋을 때.
2 생활에서 충분한 만족과 기쁨을 느낌.
　네 방이 생겨서, 너무 ○○○○.
3 보고 싶거나 만나고 싶을 때.
　시골에 계신 할머니가 ○○○.

세로 길잡이 ↓

1 근심스럽거나 답답하여 활기가 없을 때. 반대말 명랑하다
2 남에 대하여 마음이 편하지 않고 부끄러울 때.
3 마음에 들지 않을 때. 반대말 좋다

▶ 정답은 118쪽에 있습니다.

3부

부글부글!
화가 난 감정

나쁘다 | 답답하다 | 분하다 | 불쾌하다 | 싫다 | 얄밉다 | 어이없다 | 억울하다 | 짜증스럽다 | 화나다

나쁘다

뜻 좋지 않다.

내 감정 관찰하기

내 기분이 나빴던 순간은 언제인가요?

예 하준이가 '난쟁이'라고 놀려서 기분이 나빴다.

놀림을 받으면 기분이 나쁘지요. 급식실에서 새치기를 당해도 마찬가지일 테고요. 친구와 사이 좋게 지내려면 친구의 마음을 다치지 않게 하는 것이 중요합니다. 이 사실을 꼭 기억해 두길 바랍니다.

친구가 쓴 글

동우가 민호를 때렸다.

친구를 때리는 것은 나쁜 행동이다.

친구한테 맞은 민호는 얼마나 기분이 나쁠까?

도전! 글쓰기

'나쁘다'를 넣어 글을 써 보세요.

02 답답하다

뜻: 숨이 막힐 듯이 갑갑하다.

알쏭달쏭 OX 퀴즈

아래 문장 중에서 맞는 것을 골라 ○ 하세요.

1. 가슴이 답답하다. (O, X)
2. 목욕탕이 무덥고 답답했다. (O, X)
3. 소화가 되지 않아 가슴이 답답했다. (O, X)
4. 민호가 말을 더듬어서 답답했다. (O, X)

속담 꿀팁

장승하고 말하는 것이 낫겠다.

뜻: 말을 듣는 사람이 말귀를 못 알아들어 답답하다.

해피이선생의 한마디!

선생님은 맛있는 음식을 보면 과식을 하게 됩니다. 아무리 맛있는 음식도 적당히 먹어야겠지요? 속이 답답하고 불편할 정도로 먹는 건 미련한 짓이에요. 한편 일이 뜻대로 되지 않을 때도 우리는 답답한 마음을 느낍니다.

친구가 쓴 글

엄마가 맛있는 갈비탕을 만들었다.

오랜만에 갈비탕을 먹었는데 너무 맛있었다.

허겁지겁 세 그릇이나 먹었더니 체해서 속이 답답했다.

엄마가 준 매실차를 먹으니 좀 괜찮아졌다.

도전! 글쓰기

'답답하다'를 넣어 글을 써 보세요.

분하다

 억울한 일을 당하여 화가 나다.

내 감정 표현하기

아래 그림을 보고 분했던 순간의 내 모습을 골라 ○ 하세요.

내가 분했던 순간을 써 보세요.

해피이선생의 한마디!

축구 경기에 지거나 작게 속삭였는데 선생님한테 떠들었다고 혼나면 분한 마음이 들 수 있습니다. 분한 마음은 '억울한' 마음이 강한 상태예요. 억울하고 분한 마음이 들 때는 며칠 그대로 두세요. 그러면 분한 상대에 대한 감정이 조금 누그러지고 마음이 차분해질 거예요.

친구가 쓴 글

오늘 체육 시간에 우리 반과 3반이 축구 경기를 했다.

전반전에 우리 반이 한 골을 넣었지만 후반전에 3반이 두 골을 넣었다.

최선을 다했지만 결국 우리 반이 졌다.

지난번에도 졌는데 또 지니까 정말 분했다.

도전! 글쓰기

'분하다'를 넣어 글을 써 보세요.

불쾌하다

 못마땅하여 기분이 좋지 않다.

낱말을 넣어 문장 완성하기

아래 빈칸에 들어갈 알맞은 낱말을 보기에서 골라 써 보세요.

보기

꾸물꾸물   불쾌했다

아침부터 _____ 늦장을 부린다고 엄마한테 혼이 났다.

그런데 개똥까지 밟아서 기분이 몹시 _____.

오늘은 재수가 없는 날이다.

해피이선생의 한마디!

쓰레기가 썩으면 불쾌한 냄새가 코를 찌릅니다. 무시를 당하거나 억울한 일을 당해도 불쾌해집니다. 불쾌한 상황이 일어나지 않도록 우리는 서로를 배려할 필요가 있습니다.

친구가 쓴 글

엄마가 쓰레기를 버리라고 시켰다.

집 앞에 쓰레기를 내놓았다.

그런데 미리 내놓은 다른 쓰레기에서 불쾌한 냄새가 났다.

불쾌한 냄새 때문에 내 기분까지 불쾌해졌다.

도전! 글쓰기

'불쾌하다'를 넣어 글을 써 보세요.

05 싫다

 뜻: 마음에 들지 않다.

그림에 어울리는 감정 찾기

다음 그림에 어울리는 감정을 말 상자 속에서 찾아 ○ 하세요.

신나는	기쁜	싫은
불안한	상쾌한	창피한
걱정스러운	외로운	화나는
뿌듯한	즐거운	우울한

해피이선생의 한마디!

먹기 싫은 반찬이 있나요? 놀기 싫은 친구가 있나요? 싫어하는 과목은요? 물론 있을 겁니다. '싫다'라는 감정을 느끼지 않는 사람은 아마 없을 거예요. 하지만 좋은 점을 찾으려고 꾸준히 노력하면 싫은 게 줄어들며 생활이 즐거워질 수 있답니다.

친구가 쓴 글

나는 오이를 싫어한다.

오이의 물컹한 식감도 싫고, 냄새도 싫다.

그런데 오늘 급식에 오이무침이 나왔다.

너무 싫었다.

도전! 글쓰기

'싫다'를 넣어 글을 써 보세요.

얄밉다

> 뜻: 다른 사람의 말이나 행동이 싫거나 밉다.

올바른 맞춤법 고르기

2개의 낱말 중에서 맞는 것을 골라 ○ 하세요.

담임 선생님이 준호를 칭찬했다.

준호가 아픈 민정이를 도와줬기 때문이다.

착한 일을 한 건데도 준호가 으쓱하는 걸 보니 얄밉다 샘나다 .

해피이선생의 한마디!

어린 시절, 준서라는 친구가 있었습니다. 준서는 방학 때마다 외국으로 여행을 다녀왔습니다. 매번 여행 다녀온 곳을 자랑하는 준서가 너무 부러우면서도 얄미웠습니다. 혹시 나의 말과 행동이 상대방에게 얄밉게 보이지는 않을지 배려하면 좋겠습니다.

친구가 쓴 글

나는 쌍둥이다. 동생과 같은 반인데 그렇게 친하지 않다.

내가 학교에서 실수하거나 잘못한 일들을 동생이 엄마에게 맨날 이르기 때문이다.

고자질하는 동생이 너무너무 얄밉다.

내년에는 다른 반이 되면 좋겠다.

도전! 글쓰기

'얄밉다'를 넣어 글을 써 보세요.

07 어이없다

> 뜻 일이 너무 뜻밖이어서 기가 막히다.

알쏭달쏭 OX 퀴즈

아래 문장 중에서 맞는 것을 골라 ○ 하세요.

1. 소문이 너무 황당해서 어이없다. (O, X)

2. 수영장이 춥고 어이했다. (O, X)

3. 어이없는 표정으로 날 바라보았다. (O, X)

4. 생각보다 어이없었다. (O, X)

속담 꿀팁

개가 웃을 일이다.

> 뜻 너무도 어이없고 같잖다.

해피이선생의 한마디!

짜장면을 시켰는데 짬뽕이 나오면 어이없을 겁니다. 나에 대한 헛소문이나 거짓말이 퍼져도 '어이없다'라는 감정이 들 겁니다. 어이없는 일이 생길 때는 침착하게 상황을 헤아리고 해결책을 찾는 것이 지혜로운 행동입니다.

친구가 쓴 글

"너랑 재환이랑 사귀어? 우리 반에 소문 다 났어."

주은이의 말에 나는 어이없었다.

나는 재환이에게 관심도 없었다.

'아니 땐 굴뚝에 연기 날까'라는 속담이 있는데 정말 아니 땐

굴뚝에서도 연기가 나는 것 같다.

도전! 글쓰기

'어이없다'를 넣어 글을 써 보세요.

억울하다

뜻 아무 잘못 없이 꾸중을 듣거나 벌을 받아서 속이 상하고 분하다.

말풍선 만들기

해당 장면을 보고, 말풍선에 어울리는 속마음을 써 보세요.

해피쌤의 한마디!

가끔 다툰 학생들의 이야기를 듣다 보면, 서로 억울하다고 소리 높일 때가 있습니다. 그런데 가만히 생각해 볼까요? '손바닥도 마주쳐야 소리가 난다'라는 속담이 있습니다. 서로 한 발짝 물러나 보면 어떨까요? 그러면서 상대방의 마음을 헤아리면 억울함이 스르르 풀릴지도 모릅니다.

친구가 쓴 글

짝꿍 은성이 때문에 수업에 집중할 수 없었다.

은성이는 내 교과서에 낙서를 하고, 지우개를 빌려 가서 돌려주지 않았다.

화가 난 나는 은성이 팔을 살짝 꼬집었다.

그때 선생님이 나를 보고 뒤로 나가서 손을 들고 서 있으라고 했다.

은성이가 먼저 시비를 걸었는데, 진짜 억울했다.

도전! 글쓰기

'억울하다'를 넣어 글을 써 보세요.

09 짜증스럽다

뜻 귀찮고 성가셔서 싫다.

낱말을 넣어 문장 완성하기

아래 빈칸에 들어갈 알맞은 낱말을 보기에서 골라 써 보세요.

보기
짜증스러운지   덩달아

엄마와 도서관에 가려고 버스를 탔다.

사람이 꽉 차서 서서 갔다.

그런데 아기가 _____ 심하게 울었다.

나도 _____ 짜증이 났다.

해피이선생의 한마디!

학교에서 학생들을 대상으로 '가장 좋아하는 계절'을 조사했습니다. 그 결과 학생들이 가장 좋아하는 계절은 여름이었습니다. 그런데 선생님은 여름이 싫습니다. 너무 더워서 가만히 있어도 짜증이 나기 때문입니다. 선생님은 가을이 가장 좋습니다. 여러분은 어느 계절을 가장 좋아하나요?

 **친구가 쓴 글**

너무너무 덥다.

그런데 우리 집 에어컨이 고장 났다.

계속되는 무더위에 화도 나고 짜증도 났다.

짜증스러운 여름 날씨. 얼른 선선해졌으면 좋겠다.

 **도전! 글쓰기**

'짜증스럽다'를 넣어 글을 써 보세요.

10 화나다

> 뜻: 마음에 들지 않거나 기분이 나빠서 마음이 불처럼 뜨거워지다.

내 감정 솔직하게 표현하기

여러분을 화나게 하는 것들을 모두 써 보세요.

예) 나는 엄마 아빠가 놀이동산을 가기로 약속하고 안 갈 때 화가 나!

나는 _____ 가(이) _____ 할 때 화가 나!

나는 _____ 가(이) _____ 할 때 화가 나!

나는 _____ 가(이) _____ 할 때 화가 나!

나는 _____ 가(이) _____ 할 때 화가 나!

해피이선생의 한마디!

여러분은 화가 날 때 어떤 행동을 하나요? 소리를 지르거나 종이를 박박 찢나요? 아니면 잠을 자거나 맛있는 음식을 먹나요? 화가 난다고 해서 다른 사람에게 피해를 주는 건 좋지 않습니다. 화가 날 때는 왜 화가 나는지 나의 마음을 가만히 들여다보고, 눈을 감고 명상을 해 보세요. 화가 조금은 누그러질 것입니다.

친구가 쓴 글

오늘은 기분이 별로다.

쉬는 시간에 민수랑 싸웠기 때문이다.

그런데 민수가 사과는커녕 주호랑 즐겁게 떠들며 놀았다.

내가 싫어하는 주호랑 그러니까 정말 화가 났다.

속에서 천불이 나는 것 같았다.

도전! 글쓰기

'화나다'를 넣어 글을 써 보세요.

감정 표정 사다리

감정 표정 사다리를 타고 내려가 보세요. 낱말의 뜻을 잘 읽어 보고, 어떤 낱말인지를 써 주세요.

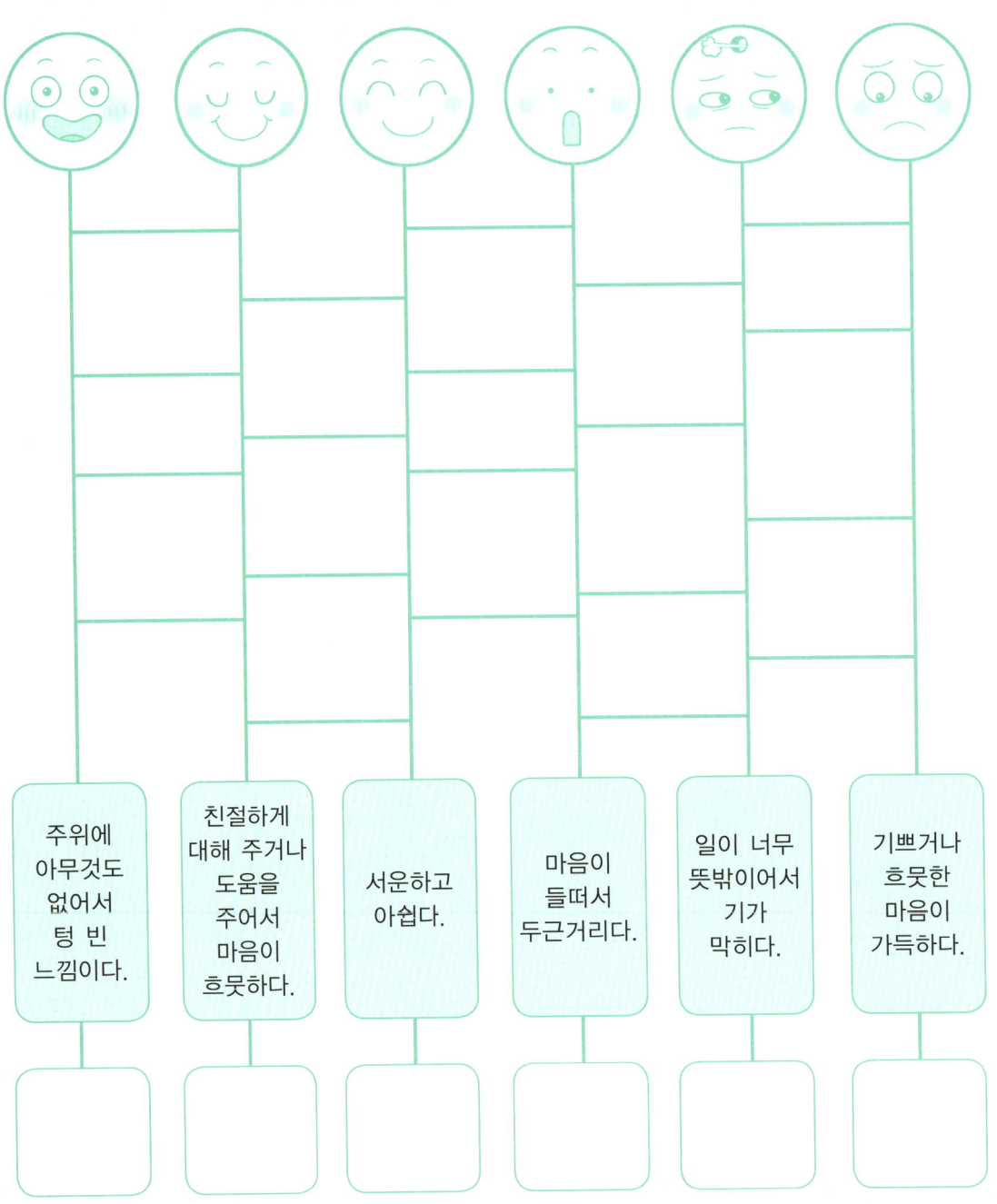

▶ 정답은 118쪽에 있습니다.

4부

후덜덜!
두려운 감정

걱정스럽다 | 긴장하다 | 놀라다 | 당황스럽다 | 두렵다 | 막막하다 | 무섭다 |
부끄럽다 | 불안하다 | 조마조마하다 | 주저되다 | 창피하다 | 혼란스럽다

01 걱정스럽다

뜻: 걱정이 되어 마음이 편하지 않다.

내 감정 관찰하기

예: 숙제를 집에 두고 와서 선생님께 혼날까 봐 걱정스럽다.

내가 걱정한 순간은 언제인가요?

해피이선생의 한마디!

걱정을 하면 가슴이 두근두근합니다. 선생님은 걱정스러운 점이 하나 있습니다. 학생들이 등하교를 할 때, 식당에서, 길거리에서도 온통 스마트폰을 붙잡고 있습니다. 이러다가는 온 나라가 스마트폰 중독으로 변하지 않을까 걱정스러울 정도입니다. 스스로 스마트폰을 얼마나 사용하는지 확인해 보고, 스마트폰 사용 시간을 줄여 보세요.

친구가 쓴 글

소희가 넘어져서 다쳤다.

무릎에서 피가 철철 났다.

보건실에 갔는데, 많이 다친 건 아닌지 걱정스럽다.

도전! 글쓰기

'걱정스럽다'를 넣어 글을 써 보세요.

긴장하다

> 뜻: 매우 불안하고 걱정되어 몸의 근육이나 신경이 움츠러들거나 흥분되다.

알쏭달쏭 OX 퀴즈

아래 문장 중에서 맞는 것을 골라 ○ 하세요.

1. 나는 긴장하면 말을 더듬는다. (O, X)

2. 친구와 만날 생각에 긴창했다. (O, X)

3. 발표를 앞두고 잔뜩 긴장했다. (O, X)

4. 강아지를 보고 긴창했다. (O, X)

속담 꿀팁

얼음에 소 탄 것 같다.

> 뜻: 얼음판 위에서 소를 탔기 때문에 언제 자빠질지 몰라 걱정스러워서 잠시도 마음을 놓지 못한다.

해피이선생의 한마디!

선생님 반 학생들은 수업을 시작하기 전에, 2명씩 나와 '새 소식'을 발표합니다. 처음에는 긴장하던 친구들도 꾸준히 발표를 하다 보면 나중에는 자신 있게 말합니다. 발표하는 게 두려운 친구들은 심호흡을 크게 하고, 친구들의 눈이 아니라 코를 쳐다보고 발표해 보세요.

친구들 앞에서 리코더를 불 생각을 하니 너무 떨렸다.

드디어 내 차례가 되었다.

그때 짝꿍인 지윤이가 "긴장하지 말고 평소 실력대로만 해. 넌 잘할 수 있어!"라고 말해 주었다.

지윤이 말에 떨리던 마음이 조금 가라앉았다.

'긴장하다'를 넣어 글을 써 보세요.

놀라다

 뜻밖의 일이나 무서움에 가슴이 두근거리다.

내 감정 생각하기

아래 표를 보고 내가 놀랐던 순간을 골라 ○ 하세요.

갑자기 천둥 번개가 칠 때	아파서 누워 있을 때
혼자 노래를 부를 때	도서관에서 누가 큰 소리를 냈을 때

내가 깜짝 놀랐던 순간을 써 보세요.

누군가 내게 소리를 지르거나 집에 혼자 있는데 번개가 치면 깜짝 놀라겠지요? 누구나 많이 놀라면 가슴이 쿵 내려앉는 기분이 듭니다. 눈도 엄청 커지고요. 놀랐을 때는 숨을 가다듬고 마음을 진정시키세요.

친구가 쓴 글

동생이 내 장난감을 망가뜨려 화가 나 소리를 질렀다.
깜짝 놀란 동생이 눈물이 그렁그렁한 눈으로 나를 보았다.
동생이 울어서 솔직히 나도 조금 놀랐다.
울보, 겁쟁이 내 동생!

도전! 글쓰기

'놀라다'를 넣어 글을 써 보세요.

당황스럽다

뜻 놀라거나 다급하여 어찌할 바를 모르다.

내 마음 관찰하기

내가 당황했던 순간을 써 보세요.

예) 급식실에서 식판을 엎어 버려 당황스러웠다.

어떤 일로 당황했었나요?

왜 그런 일이 있었나요?

당황스럽다고 생각한 이유는 무엇인가요?

해피이선생의 한마디!

너무 놀라 당황스러울 때는 아무 말도 안 나와요. 식은땀이 주르륵 흐르기도 하고요. 이때 어쩔 줄 모르는 감정을 차근차근 추스르고, 내 앞에 처한 상황을 지혜롭게 해결해 보세요.

친구가 쓴 글

어제 영진이랑 싸웠다.

영진이가 다른 친구에게 내 욕을 했기 때문이다.

그런데 오늘 영진이가 아무 일 없다는 듯 나에게 다가와 친한 척해서

당황스러웠다.

도전! 글쓰기

'당황스럽다'를 넣어 글을 써 보세요.

05 두렵다

> 뜻: 어떤 대상을 몹시 피하고 싶을 만큼 겁이 나고 무섭다.

그림에 어울리는 감정 찾기

다음 그림에서 양보왕에게 어울리는 감정을 말 상자 속에서 찾아 ○ 하세요.

▶ 양보왕

신나는	무서운	외로운
불안한	상쾌한	화나는
두려운	걱정스러운	설레는
즐거운	초조한	뿌듯한

해피이선생의 한마디!

여러분은 언제 두려움을 느끼나요? 선생님은 한 해 한 해 늙어 간다는 것이 두렵습니다. 시간이 정말 빠르게 지나가거든요. 하지만 두렵다고 해서 피하거나 숨으면 문제가 해결되지 않습니다. 두려운 일이 있다면 당당히 맞서 해결하세요.

친구가 쓴 글

비가 오는데 집에 혼자 있으니까 무섭다.

쾅쾅! 천둥까지 치니까 너무 두렵다.

얼른 자려고 침대에 누웠지만 잠이 오지 않는다.

엄마 아빠가 빨리 집에 오면 좋겠다.

도전! 글쓰기

'두렵다'를 넣어 글을 써 보세요.

06 막막하다

> 뜻 꽉 막힌 듯이 답답하다.

내 감정 관찰하기

막막하다고 느낀 순간은 언제인가요?

예 밀린 숙제를 하루 만에 다 하려니 막막했다.

해피이선생의 한마디!

학교에서 단원 평가를 자주 보나요? 단원 평가는 미리 공부해 두면 좋겠지요. 그러면 시험을 볼 때 막막하지 않을 테니까요. 단원 평가 점수도 중요하지만 미리 공부하면서 준비하는 과정도 중요합니다. 어떤 일이든 단단히 준비하면 막힘 없이 문제를 해결할 수 있기 때문입니다.

친구가 쓴 글

오늘은 '받아쓰기' 시험을 보는 날이다.

2교시에 시험을 볼 텐데 공부를 하지 않아 너무 막막하다.

아, 시험 없는 세상에서 살고 싶다.

도전! 글쓰기

'막막하다'를 넣어 글을 써 보세요.

07 무섭다

> 뜻: 어떤 대상이 꺼려지거나 걱정하는 일이 벌어질까 봐 불안하다.

내 감정에 솔직하기

예) 숙제를 안 해서 선생님한테 혼날까 봐 무서웠다.

무섭다고 느낀 순간은 언제인가요?

해피이선생의 한마디!

학생들 중 나방이나 벌레를 무서워하는 친구들이 많더군요. 수업 중에 벌레가 나타나면 소리를 지르고, 야단법석을 떨지요. 그때 선생님은 아무렇지 않게 벌레를 잡습니다. 그런데 선생님은 벌레는 무섭지 않은데 쥐가 무섭습니다. 이렇게 누구에게나 무서운 것이 있답니다.

친구가 쓴 글

오늘 친구랑 노느라 학원에 가지 않았다.

학원에 빠지면 엄마한테 혼나는데…….

집에 들어가기가 무섭다.

도전! 글쓰기

'무섭다'를 넣어 글을 써 보세요.

부끄럽다

뜻 일을 잘못해 실수하거나 용기가 없어 수줍다.

낱말을 넣어 문장 완성하기

아래 빈칸에 들어갈 알맞은 낱말을 보기에서 골라 써 보세요.

보기

콩닥콩닥   부끄럽다

새 학기 첫날은 가슴이 _____ 뛴다.

친구들에게 "안녕?" 하고 인사하는 것도 떨린다.

담임 선생님이 교실에 들어오셨다.

잘못한 것도 없는데, 선생님 눈을 마주치기가 _____ .

해피이선생의 한마디!

어린 시절, 선생님의 아버지는 신발이나 속옷을 파는 가게를 했습니다. 그 시절 선생님은 아버지가 부끄러웠습니다. 그래서 친구들이 아버지의 직업을 물으면 '회사원'이라고 얼버무렸습니다. 지금 생각해 보면, 아버지를 부끄럽게 여긴 선생님의 생각이 부끄럽습니다.

 **친구가 쓴 글**

엄마에게 미술 준비물을 사야 한다고 거짓말을 하고 만 원을 받았다.

만 원으로 평소 갖고 싶던 포켓몬 카드를 샀다.

순간 기분이 너무 좋았다.

하지만 준비물을 잘 샀는지 묻는 엄마에게 우물쭈물 대답했다.

엄마를 속인 내 자신이 부끄러웠다.

 **도전! 글쓰기**

'부끄럽다'를 넣어 글을 써 보세요.

09 불안하다

 뜻 마음이 편하지 않고 걱정이 되어 조마조마하다.

내 감정 표현하기

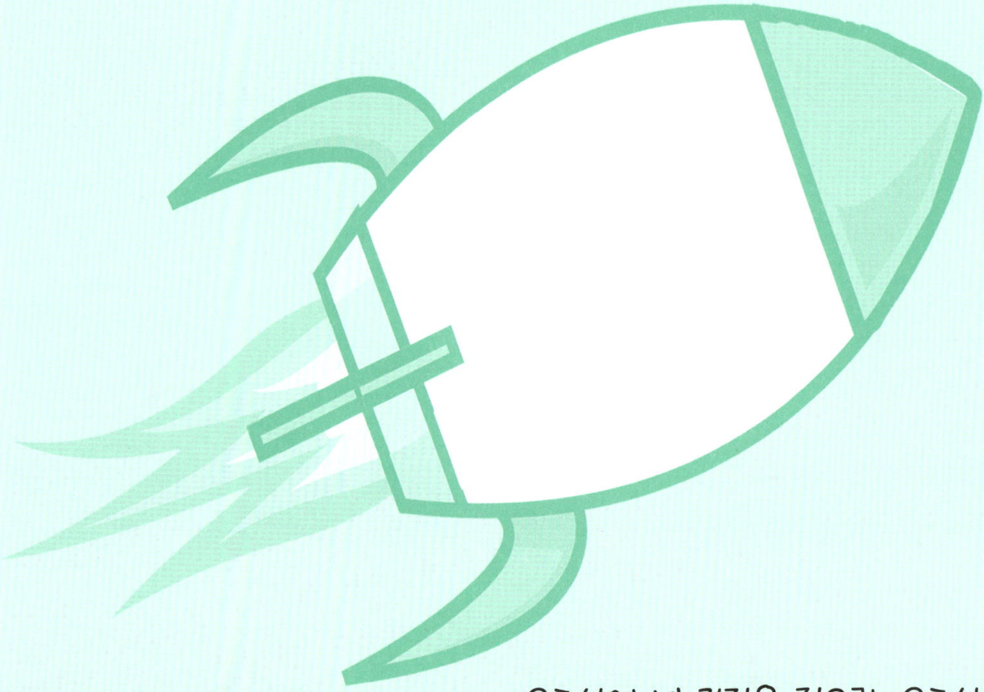

우주선에 네 걱정을 적으렴. 우주선은 네 걱정을 싣고 떠날 거야. 떠나면 다시는 불안하지 않을 거야.

해피이선생의 한마디!

불안은 일어나지 않은 일을 걱정하는 마음입니다. 혹시 여러분은 마음이 불안할 때 어떤 버릇이 있나요? 다리를 떨거나 눈을 지나치게 깜빡이거나 말을 더듬나요? 쉽지 않겠지만 마음이 불안할 때는 깊게 숨을 들이마시고 마음을 진정시키려고 노력하는 게 좋습니다.

친구가 쓴 글

지난해 태풍 때문에 우리 마을은 피해가 컸다.

뉴스에서 올해도 태풍이 온다고 했다.

이번 태풍은 워낙 바람이 강하다고 해서 불안하다.

제발 아무 피해 없이 지나갔으면 좋겠다.

도전! 글쓰기

'불안하다'를 넣어 글을 써 보세요.

10. 조마조마하다

뜻: 앞으로 닥칠 일이 걱정되어 마음이 불안하다.

알쏭달쏭 OX 퀴즈

아래 문장 중에서 맞는 것을 골라 ○ 하세요.

1. 마음이 조마조마했다. (O, X)

2. 거짓말한 것이 들킬까 봐 초마초마하다. (O, X)

3. 조마조마하게 바라봤다. (O, X)

4. 조마조마하게 놀았다. (O, X)

속담 꿀팁

도둑이 제 발 저리다.

뜻: 지은 죄가 있어 마음이 조마조마하다.

해피이선생의 한마디!

여러분은 거짓말을 자주 하나요? 거짓말은 또 다른 거짓말을 만들어 냅니다. 그리고 거짓말을 한 사람은 거짓말이 밝혀질까 봐 계속 조마조마해 하지요. 지금 당장 혼나더라도 정직하게 말하는 것이 좋습니다.

친구가 쓴 글

숨바꼭질은 재미있다.

오늘 친구들과 숨바꼭질을 했다.

숨어 있는데 들킬까 봐 조마조마했다.

도전! 글쓰기

'조마조마하다'를 넣어 글을 써 보세요.

11 주저되다

뜻 선뜻 결정하지 못하고 머뭇거려지거나 망설여지다.

올바른 맞춤법 고르기

2개의 낱말 중에서 맞는 것을 골라 ○ 하세요.

선생님이 말했다.

"앞자리 앉은 친구들 중에 누가 자리 좀 양보해 줄래?"

나는 자리를 양보해야 할지 말지 [초조했다] [주저했다].

해피이선생의 한마디!

"할까 말까 망설여질 때는 일단 해라."라는 말이 있습니다. 나중에 후회가 되더라도 일단 하는 게 낫다는 말입니다. 우리 친구들은 마음먹은 일이 있으면 주저하지 말고 실천에 옮기면 좋겠습니다. 선생님도 가능하면 주저하지 않고, '고민은 짧게, 행동은 과감하게!'를 실천하려고 노력 중입니다.

친구가 쓴 글

양 떼 목장에 갔다.

양에게 먹이를 주고 싶었지만 혹시 손이라도 물릴까 봐 겁이 났다.

줄까 말까 주저하고 있는데 나보다 어린 애가 양에게 먹이를 줬다.

용기 있는 그 애가 부러웠다.

도전! 글쓰기

'주저하다'를 넣어 글을 써 보세요.

12 창피하다

뜻: 뜻하지 않은 실수로 인해 몹시 부끄럽다.

4행시 짓기

창

피

하

다

속담 꿀팁

낯을 못 들다.

뜻: 창피하여 떳떳하지 못하다.

해피이선생의 한마디!

작년 종업식 날, 선생님은 학생들에게 끝인사를 하면서 눈물을 흘렸습니다. 다른 지역의 학교로 떠나게 되었거든요. 선생님이 울자 학생들도 함께 울었습니다. 돌이켜 생각하니 다 큰 어른이 운 게 창피했습니다. 하지만 가르쳤던 학생들과 마음을 나눴던 소중한 순간이었습니다.

친구가 쓴 글

"뽕!"

수업 시간에 큰 소리로 방귀를 뀌고 말았다.

소리를 안 내려고 엉덩이에 힘을 줬는데 실패했다.

친구들이 깔깔 웃었고 선생님도 호호 웃었다.

너무 창피해서 투명 인간이 되고 싶었다.

도전! 글쓰기

'창피하다'를 넣어 글을 써 보세요.

13 혼란스럽다

 뜻 보기에 뒤죽박죽이 되어 어지럽고 질서가 없다.

낱말을 넣어 문장 완성하기

아래 빈칸에 들어갈 알맞은 낱말을 보기에서 골라 써 보세요.

보기
수북하게   혼란스럽다

우리 집은 이사를 가기로 했다.

거실에 온갖 짐들이 _____ 쌓여 있었다.

엄마가 내 물건을 정리하라고 했다.

그런데 무엇부터 시작해야 할지 _____ .

해피이선생의 한마디!

한꺼번에 여러 가지 일이 닥치면 누구나 혼란스럽기 마련입니다. 그럴 때는 일의 우선순위를 정해 보세요. 예를 들어 가족 여행을 갈 때도 가고 싶은 장소, 먹고 싶은 음식을 찾아갈 장소에 따라 하나씩 정리해 보세요. 막막했던 여행 일정이 순식간에 정리될 거예요.

친구가 쓴 글

겨울 방학에 강원도로 가족 여행을 갔다.
눈썰매장에 갔는데, 눈사람 만들기, 풍선 터뜨리기, 빙어 낚시 등 놀거리가 많았다.
바이킹은 눈썰매보다 더 재미있어 보였다.
무엇을 먼저 해야 할지 혼란스러웠다.

도전! 글쓰기

'혼란스럽다'를 넣어 글을 써 보세요.

감정 낱말 찾기

아래는 여러 가지 감정에 관련된 낱말이에요. 글자를 가로, 세로, 대각선으로 이어 6개의 낱말을 모두 찾아보세요.

행복하다　화나다　아프다　긴장하다　놀라다　감동하다

긴	이	수	지	오	채	무	공	감
우	장	바	시	하	모	참	치	동
리	폭	하	포	봄	약	밤	살	하
나	비	가	다	유	인	정	피	다
아	리	잔	광	파	놀	라	다	호
행	노	야	아	프	다	먼	지	어
민	복	보	나	윤	화	답	하	고
주	허	하	동	복	걸	나	즐	신
나	면	만	다	요	자	나	다	창

▶ 정답은 118쪽에 있습니다.

다른 표정 찾기

웃는 표정이 아닌 표정을 모두 찾아보세요.

정답

▶ 38쪽

▶ 66쪽

▶ 88쪽

▶ 116쪽

▶ 117쪽

쓰다 보면 저절로, 감정을 알게 되는 글쓰기

발행일	2023년 11월 15일 초판 1쇄 발행
글쓴이	해피이선생
그린이	김잔디, 박상규
발행인	방득일
기 획	허현정
편 집	허현정, 박현주
디자인	강정화
마케팅	김지훈
발행처	맘에드림
주 소	서울시 도봉구 노해로 379 대성빌딩 902호
전 화	02-2269-0425
팩 스	02-2269-0426
e-mail	momdreampub@naver.com

ⓒ 해피이선생

ISBN 979-11-89404-93-2 74700
ISBN 979-11-89404-92-5 (세트)

※ 이 책 내용의 일부 또는 전부를 재사용하려면 반드시 저작권자와 맘에드림 양측의 동의를 받아야 합니다.
※ 책값은 뒤표지에 있습니다.
※ 잘못된 책은 구입처에서 교환하여 드립니다.

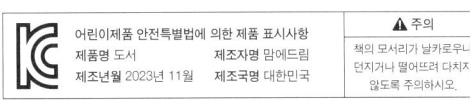